碧海翔龙

金翔龙院士七十载探海影像集

方银霞 主编

科学出版社
北京

图书在版编目（CIP）数据

碧海翔龍：金翔龙院士七十载探海影像集 / 方银霞主编. — 北京：科学出版社，2023.11

ISBN 978-7-03-077165-0

Ⅰ.①碧⋯ Ⅱ.①方⋯ Ⅲ.①金翔龙–事迹–图集 Ⅳ.① K826.14-64

中国国家版本馆 CIP 数据核字 (2023) 第 220836 号

责任编辑：韩　鹏　崔　妍／责任校对：何艳萍
责任印制：肖　兴／封面设计：北京美光设计制版有限公司

科 学 出 版 社 出版
北京东黄城根北街16号
邮政编码：100717
http://www.sciencep.com

北京捷迅佳彩印刷有限公司 印刷
科学出版社发行　各地新华书店经销

*

2023年11月第 一 版　开本：880×1230　1/16
2023年11月第一次印刷　印张：12 1/4
字数：200 000

定价：200.00元

（如有印装质量问题，我社负责调换）

编 委 会

主编　方银霞

编委　丁巍伟　孙湫词
　　　吴自银　金肖兵
　　　赵建如

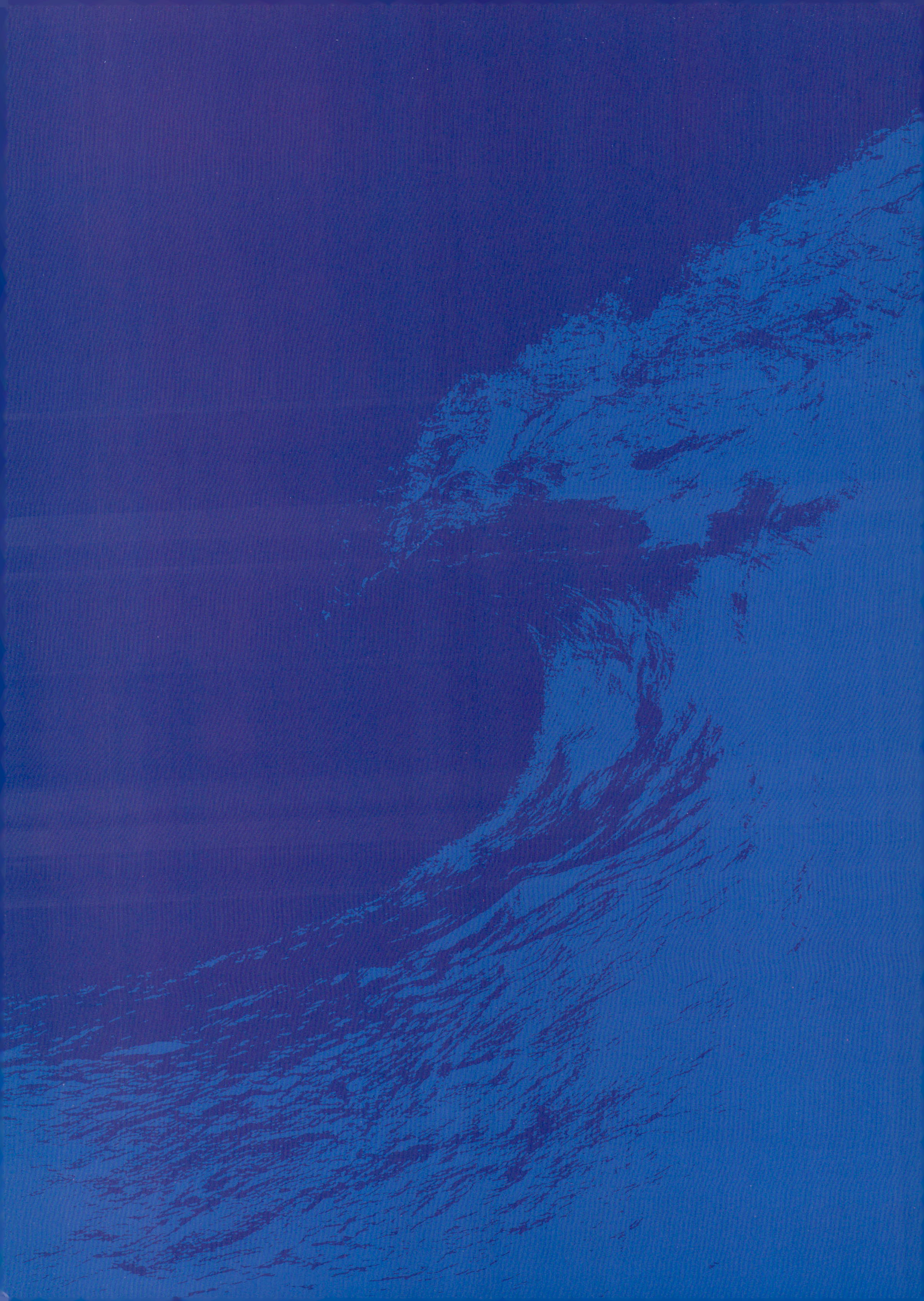

金翔龙简介

金翔龙，1934年11月出生于江苏南京，1956年毕业于北京地质学院，1957~1985年就职于中国科学院海洋研究所，1985年以来在自然资源部第二海洋研究所工作（原国家海洋局第二海洋研究所）。1997年当选中国工程院院士。

曾任中国海洋地质学会副理事长、中国地球物理学会理事，中国岩石圈委员会、中国大洋钻探科学委员会委员，国际地球深部取样联合海洋机构（JOIDES）地球内部动力学科学指导与评估委员会（ISSEP）委员和联合国教科文组织政府间海洋委员会（IOC，UNESCO）在联合国海洋法公约顾问委员会（ABLOS）中的代表、国际海底管理局专家组成员等。现为中国科学院海洋研究所、浙江大学、上海交通大学、天津大学、中国地质大学（武汉）、中国地质大学（北京）博士生导师，山东理工大学资源与环境工程学院名誉院长等。

金翔龙是我国海底科学的奠基人之一，对学科的创建和发展做出过开拓性贡献。长期致力于我国边缘海的海底勘查与研究，开辟了学科的新方向和研究的新领域，推动我国近海海底油气勘探的起步，并率先开展我国渤海、黄海、东海的地球物理探测，对中国海的构造格局、地壳性质与演化以及边缘海的演化模式等提出过重要论述，在国内外有重要影响。主持研究的大陆架及邻近海域勘查攻关项目对维护海洋权益有重要贡献，受到国家表彰。积极推进大洋底资源的勘探与开发，代表我国在联合国争得东太平洋理想矿区，为我国进入大洋勘探开发的国际先进行列做出了重大贡献。积极推动海洋高新技术探索与研究，有力推动了海洋领域"863"项目的启动与实施。近年着力推动海洋高新技术的开发和海洋工程科学在国民经济等方面的应用。

曾获中国科学院科技进步奖多项，国家海洋局科技进步奖一等奖2项和科技进步奖二等奖1项、国家海洋局海洋创新成果特等奖以及光华工程科技奖等。获国家"八五"科技攻关先进个人，当选2013年度全国十大海洋人物，2016年获国家海洋局颁发"终身奉献海洋"纪念奖章。

主要贡献如下：

1. 推动我国海底油气勘探的起步

创建并带领我国第一个海洋地震队，成功完成了中国海上第一条地震剖面（龙口—秦皇岛），实现了中国海上海底石油勘测"零的突破"。率先开展我国渤海、北黄海、南黄海、东海的地球物理探测，查明各海底构造格局、地壳性质与演化特征，评价其海底油气远景，为我国海底油气勘探奠定了基础。20世纪80年代主持召开天然气水合物的香山科学讨论会，推动我国海底天然气水合物的探查与研究。

2. 推进海洋管辖区划界技术工作，维护国家海洋权益

自20世纪80年代起，金翔龙深入研究了冲绳海槽和东海陆架的地壳结构，编制出1：200万比例尺的冲绳海槽构造图，为维护我国大陆架权益提供了重要依据。1994年，出席在巴黎召开的大陆架问题专家咨询会，对大陆架问题的框架、大陆架界限的准确定义、大陆架数据库的建立，以及大陆架的环境等问题编写建议书。1991~1995年技术主持与负责"八五"国家重点科技攻关项目"大陆架及邻近海域勘查和资源远景评价研究"，编绘了我国大陆架及邻近海域基础环境系列图，建立中国大陆架及邻近海域环境与资源信息库、划界数据与方法库，并按国际海洋法公约提出大陆架与邻近海域的各种划界方案。这一系列早期工作为国家海洋管辖区（大陆架与专属经济区）划界工作奠定了坚实的基础，为我国的海洋管理、海洋权益维护提供了支撑。

3. 成功为国家争得大洋理想矿区

自20世纪80年代开始，金翔龙就投身于大洋多金属结核资源勘查与评价等方面的工作。1990年，金翔龙受命代表我国出席国际海底管理局和海洋法法庭筹委会会议，接受联合国技术专家组对我国东太平洋多金属结核矿区申请的技术审查。最终为中国从联合国争得了15万平方公里的东太平洋理想矿区，对我国成为

世界上第五个国际海底先驱投资国做出了关键性的贡献。同时，主持与负责的国家海洋局"大洋多金属结核资源勘探开发"重大专项，勘探工程达到国际先进水平，为按联合国要求完成区域放弃和实施洋底开采工程奠定了基础，为我国进入大洋勘探开发的国际先进行列做出了重大贡献。

4. 推动海洋高技术的发展与"863"海洋领域的起步

20世纪80年代，金翔龙在中国科学院海洋研究所组建了现代化的地球物理技术系统。筹划了"科学一号"调查船的建造，以系统工程思想设计与主持组构"科学一号"调查船上三级计算机控制管理的地球物理采集系统，并在陆上建成陆基的数据处理（计算）中心。被国外评论"弥补了中美之间的技术差距"。1991~1994年，他在国家海洋局组建现代化的海底探测与信息处理系统，成为国家海洋局承担大洋海底勘探开发和大陆架专属经济区基础环境与资源评价等国家重大项目的支撑基础。90年代开始，金翔龙等人开始推动"863"海洋领域的起步，并于1996年承担了国家"863"海洋高技术研究项目"海域地形地貌与地质构造探测技术研究"，重点开展了海底多波束和深拖系统的全覆盖高精度探测技术以及GPS差分技术与海底定位超短基线技术研究，取得显著进展，为国家专项"专属经济区大陆架勘测"提供了高技术支撑。

5. 创建海底科学，培养学科人才

1985年以来，金翔龙将海洋地质、海洋地球物理和海洋地球化学等系统集成为一体，建立了海底科学。同时，成功筹建了国家海洋局海底科学重点实验室。"学科的发展依靠人才队伍的拉动"，在从事海洋工作之初，金翔龙就注重人才的培养与专业队伍的建设。80年代以来，他培养了一大批年轻的海底科学家，把他们引向科研的第一线，组建起一支结构合理的研究队伍。他花大力气指导培养研究生，几十年来已培养硕士、博士、博士后50余名。"桃李不言，下自成蹊"，受他言传身教的学生目前已遍布祖国海洋系统的各个领域，在国家海洋事业中正发挥着中流砥柱的作用。

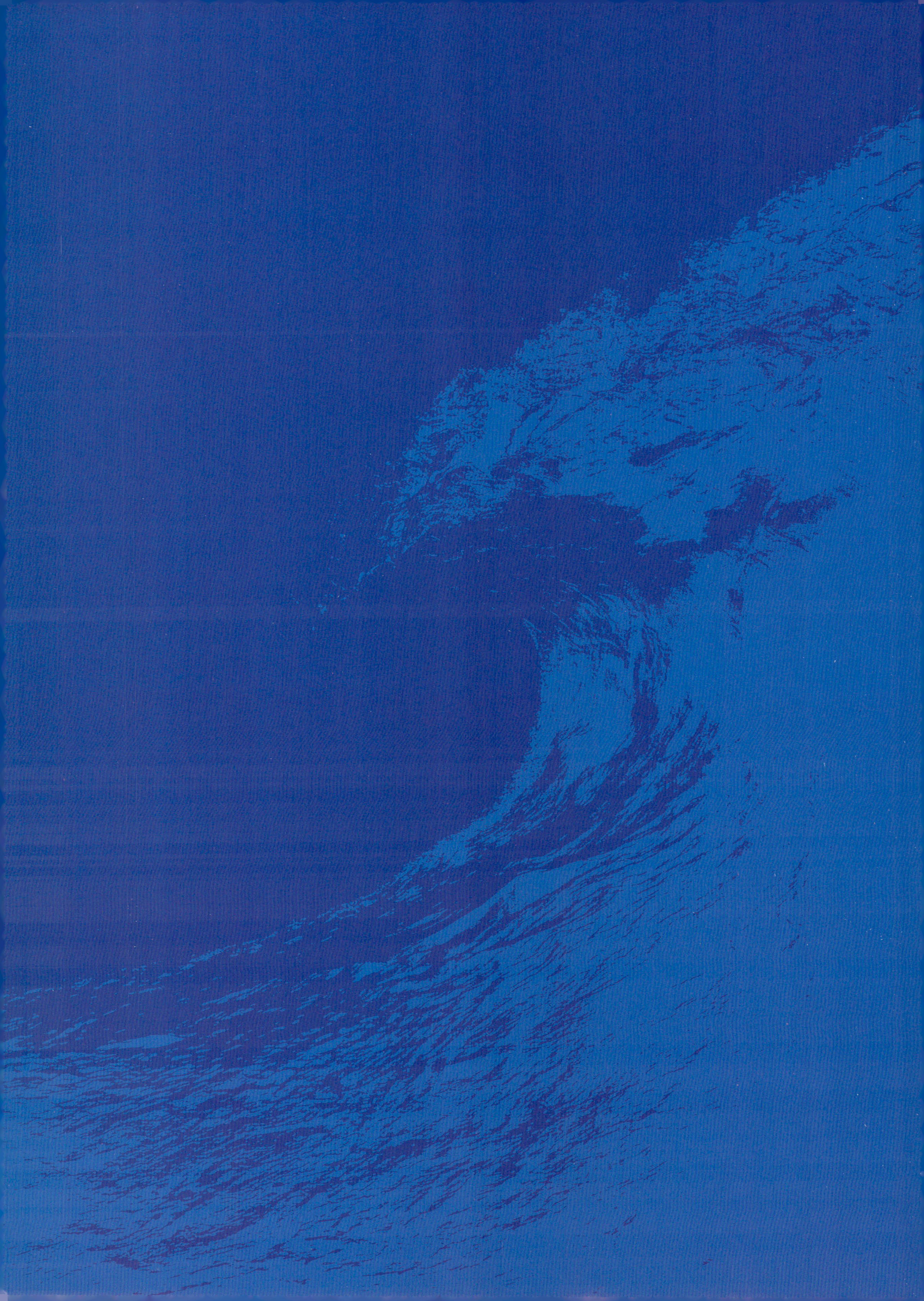

目　录

金翔龙院士简介

第一章　意气风发　恰同学少年 ·················· 001

第二章　白手起家　七十载海洋征程路 ·········· 009

第三章　海纳百川　亦师亦友 ·················· 129

第四章　天伦之乐　幸福之家 ·················· 155

第五章　信步闲庭　强海国士 ·················· 167

附：两首赠诗 ·································· 182

金翔龙院士大事年表 ···························· 184

致谢 ·· 186

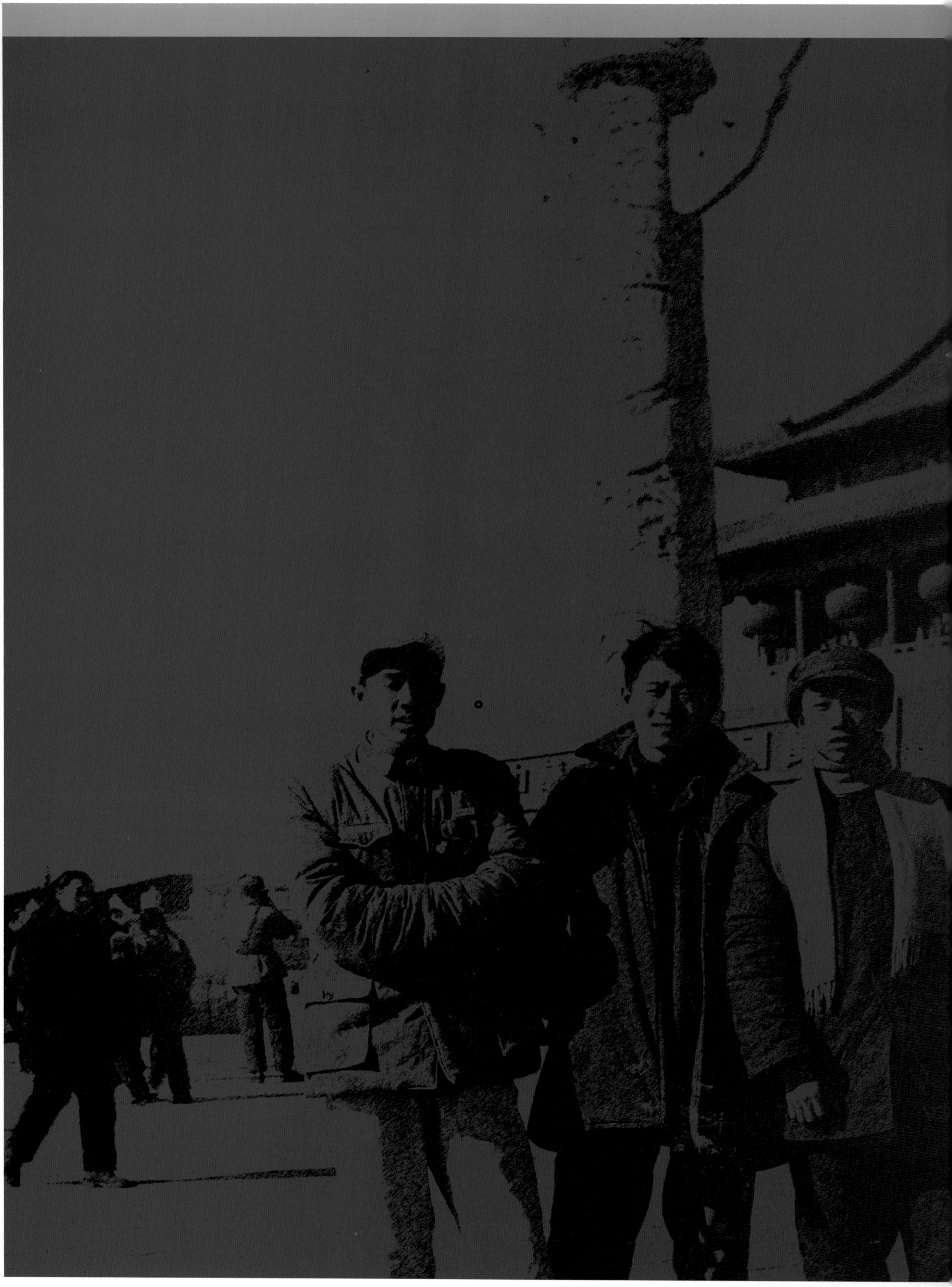

第一章

意气风发
恰同学少年

少年金翔龙

小学时期的金翔龙

中学毕业时期的金翔龙，剃光头"削发明志"，学习报国

青年金翔龙

童年的金翔龙历经连年战乱，几经辗转奔波。1952年，从南京一中毕业的金翔龙以优异的成绩考上了北京地质学院（中国地质大学前身）。在这所中国最著名的地质学高校，意气风发的金翔龙受教于众多地质学泰斗、结识了一生挚友、参加了多次野外地质实践、历经柴达木"魔鬼"生产实习，开启了"地质报国"的征程。正如中国著名地质学家、地质部部长李四光在金翔龙开学典礼上说的："现在新中国办起了惊天动地的事业，北京航空学院是惊天，北京地质学院是动地。你们就是动地的勇士……"

大学时期的金翔龙

20世纪50年代，金翔龙（右一）与大学好友在北京地质学院（以下简称"地大"）校园内合影，左一为唐克东（曾任地质部宜昌地质研究所、沈阳地质研究所所长）

金翔龙（右二）与大学室友在地大校园内合影，右一为李作明（曾任香港地质学会理事长），左一为诸宝森，左二为唐克东

第一章　意气风发，恰同学少年

金翔龙（右二）与大学同学在地大校园标志性的"地质工作者"雕塑前合影

金翔龙（左二）与大学室友在天安门广场前合影

1956年，大学同学毕业合影，后排右二为金翔龙，右一为马文璞，左一为李存悌，左二为张世良；前排右一为马丽芳，右二为马瑾，左一为唐应佳，左二为诸宝森

20世纪50年代，大学足球队在地大足球场内合影，号称"板鸭队"，后排左四为金翔龙

1955年，在雁北云冈石窟地质钻探实习期间留影，从左到右：马丽芳、马瑾、杨若莉、金翔龙

1955年，黄汲清（第二排右六）、徐仁（第二排右七）等带队在北京长辛店进行地质考察，第一排右一为金翔龙

第二章

白手起家
七十载海洋征程路

初入海洋 开创局面

"好！从沙漠到海洋，这条路子对！"马杏垣老师的支持坚定了金翔龙"弃陆从海"的决心。在王鸿祯、童第周、曾呈奎等前辈的推荐下，大学毕业的金翔龙进入了中国科学院水生生物研究所青岛海洋生物研究室，从此与海洋结下了一生缘分。

在这个中国最早的海洋科学研究所，面对中国海洋地质学一无所有的境况，金翔龙咬紧牙关、白手起家，跑设备、自制仪器组件、训练调查队伍，最终完成了中国海上第一条海洋地震剖面，实现了海底勘测"零的突破"，打开了新中国石油勘探的大门。同时，在中国科学院建立起了我国最早的海洋地质研究实体，组建起一支富有战斗力的海洋地质专业人员队伍。此后，野外厘定了山东"山字形"构造，首次利用地球物理勘探方法调查南黄海，开启了我国海洋地质学新领域。

20世纪50年代末，在中国科学院海洋研究所海洋地质室工作的金翔龙

第二章 白手起家，七十载海洋征程路　011

20世纪50年代末，在中国科学院海洋研究所海洋地质室读书的金翔龙

1959年，金翔龙在北黄海海边开展海域周边地质考察

1959年，我国第一支海洋地震队，开启了我国海底石油的勘查。后排右三为金翔龙，右一为唐宝珏，左三为李白基（中国科学院地球物理研究所）；中排左一为王先彰（地质部），左二为鲍光宏（石油部石油科学研究院）

1959年，渤海海上地震勘查中的两艘爆炸艇，打响了中国海洋石油调查第一炮

第二章　白手起家，七十载海洋征程路

1959年，渤海海上地震勘查中的爆炸艇，打响了中国海洋石油调查第一炮

1959年，渤海海上地震勘查使用的主要调查船之一，"海测一号"，为北海舰队航保部的海洋测量船

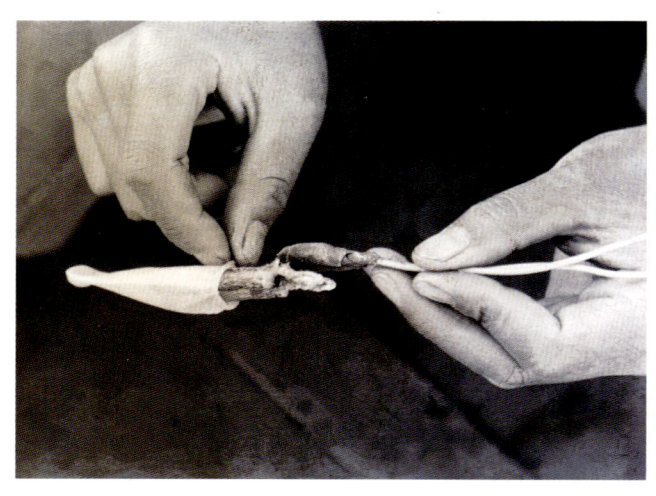

渤海海洋地震勘查中，装引爆炸药包的雷管

渤海海洋地震勘查中采用的自制海上接收电缆

渤海海上地震勘查中，自制水听器

20 世纪 60 年代初，金翔龙在海洋调查船上

20 世纪 50 年代，中国第一艘海洋综合性调查船"金星号"

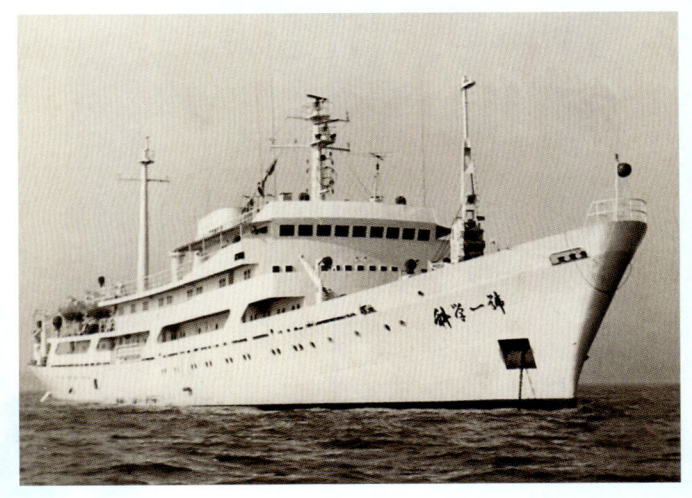

我国现代化综合性海洋调查船"科学一号"。80 年代初，金翔龙应用系统工程思想组织设计并建造了三级计算机控制的卫星定位、仪器装备与信息系统

1959年，使用北海舰队山字号登陆舰开展我国首次海底石油勘查。
后排左一为金翔龙，中间甲板上汽车为装载地震仪汽车

第二章　白手起家，七十载海洋征程路

1959年，在北海舰队山字号登陆舰上，调查队员与军舰上的指战员合影，站立第一排右二为金翔龙

20世纪60年代初,李四光及夫人等在乳山湾进行地质考察,在"金星号"考察船上合影。
第二排右三为李四光,左二、左三分别为李四光夫人及女儿;最后一排右一为金翔龙

20世纪60年代初，受李四光委托，金翔龙等人组队进行山东山字形构造调查，厘定山东山字形构造是否存在。后排戴白色帽子者为金翔龙

20世纪60年代初，受李四光委托，金翔龙等人组队进行山东山字形构造调查，厘定山东山字形构造是否存在。后排左一为金翔龙

20世纪80年代初，美国哥伦比亚大学Lamont研究所科研人员来中国科学院海洋研究所交流访问，后排右三为金翔龙；前排右二为毛汉礼，左三为绘制世界第一幅大洋底立体地形图的作者Marie Tharp女士

征战国外
国际合作与交流

"文革"后的金翔龙分秒必争，更加珍惜来之不易的科研时机，马不停蹄地开启了中断已久的海洋地质学研究。为了加快我国海洋地学研究步伐，缩短与国外研究差距，做好万全准备的金翔龙踏上了"师夷长技以制夷"的出国考察之路。

20世纪70年代底的日本和美国技术考察与交流、80年代中西德（联邦德国）长期科技合作、90年代海底矿区争夺与南海问题研讨，一直到新世纪各类出国研讨与学术交流，近半个世纪的国际旅程里，金翔龙亲历了我国海洋科学与技术的不断进步，见证了国家日益强大的综合实力和话语权。

1979 年，在美国旧金山考察，左三为金翔龙；右一为张宗询（曾任中船重工七〇七研究所所长），右二为金星号调查船老船长戴立人

1979 年，在美国休斯敦西部石油公司考察地震漂浮电缆（Streamer），左一为金翔龙

1979 年，在美国休斯敦西部石油公司考察地震漂浮电缆，图为金翔龙手拿水听器

1979年，在美国 Woods Hole 海洋研究所考察船上，左二为曾呈奎，左六为刘瑞玉，左七为金翔龙

第二章 白手起家，七十载海洋征程路   023

1979年日本考察

1979年，在日本考察期间，于广岛原子弹爆炸遗址前合影。后排左四为金翔龙，前排右四为曾呈奎

1979年，在日本考察期间中日双方的合影，前排右五为曾呈奎，后排左七为金翔龙

1984年，随"科学一号"调查船访日代表团在鹿儿岛合影，第二排右七为金翔龙

第二章　白手起家，七十载海洋征程路　025

20 世纪 80 年代，联邦德国考察与交流

1983 年，在联邦德国汉堡参加 IUGG（International Union of Geodesy and Geophysics）会议，金翔龙（右一）与毛汉礼（左一）交谈

1983 年，在联邦德国汉堡参加 IUGG（International Union of Geodesy and Geophysics）会议。左一为刘东生，右一为毛汉礼，中为金翔龙

1983年，在IUGG会议中心前合影，中为毛汉礼，左一为张焘，右一为金翔龙

20世纪80年代末，在北京签署中西德海洋科学技术合作协定，后排左二为金翔龙

20世纪80年代末到联邦德国签订中西德海洋科学技术合作协定期间，参加海上考察，与德国友人合影，右四为金翔龙

20世纪80年代末，到联邦德国签订中西德海洋科学技术合作协定，左三为严宏谟，右四为金翔龙

第二章　白手起家，七十载海洋征程路　029

20世纪80年代末，第三次中西德合作会议期间在联邦德国考察。前排左三为杨文鹤，右三为朱继懋，右四为金翔龙

20世纪80年代末，第三次中西德合作会议期间在联邦德国考察。右五为金翔龙

20世纪80年代，金翔龙与联邦德国科研人员探讨交流

1989年，金翔龙在联邦德国汉诺威地质科学与矿产资源研究院与德方科研人员讨论地震资料，左一为金翔龙，右一为吕文正

1989年，金翔龙在联邦德国汉诺威地质科学与矿产资源研究院工作期间，与联邦德国科研人员讨论交流，左一为吕文正，右一为刘建华，左二为金翔龙

1991年，在印度尼西亚万隆参加"管控南海潜在冲突讨论会"，右一为金翔龙

1991年印尼万隆会议

1993年牙买加会议

1993年，在牙买加参加国际海底管理局会议期间留影

1993年，在牙买加参加国际海底管理局会议期间合影。
右二为原国家海洋局副局长陈炳鑫，左一为金建才，左二为金翔龙

1992年，在法国考察期间，于大西洋号考察船旁留影

20世纪90年代，在法国土伦考察深潜器，右四为金翔龙

1992~2003年法国考察与交流

2003 年参加在法国尼斯召开的 InterMargin 国际会议。
前排：左二为金翔龙，左四为联合国官员 Haq 博士；后排：左三为李家彪，左四为黎明碧

1993 年马尼拉会议

1993年，金翔龙受外交部任命带团赴菲律宾马尼拉参加南海海洋科学研究国际讨论会。右一为毛彬，右二为金翔龙

1993年，金翔龙在菲律宾马尼拉主持南海海洋科学研究国际讨论会。左二为金翔龙

1993 年美国硅谷考察

1993 年，在美国硅谷 TRITON 公司工作车间内

1993 年，在美国硅谷 TRITON 公司考察

2001年，在日本静冈东海大学考察

2001年，在日本地质调查所考察。右一为初凤友，右二为金翔龙，左一为宋海斌，左二为黎明碧

2006年、2009年奥地利维也纳会议

2006年,在奥地利维也纳参加EGU(European Geosciences Union)和InterMargin国际会议。右一为黎明碧,左一为韩喜球

2009年,在中国驻奥地利大使馆做报告

第二章 白手起家，七十载海洋征程路 039

2009年，在奥地利维也纳参加 EGU（European Geosciences Union）和 InterMargin 国际会议。左一为黎明碧

2009年，在奥地利维也纳参加 EGU（European Geosciences Union）和 InterMargin 国际会议。左一为丁巍伟

2006年 德国OBS考察

2006年，在德国汉堡进行OBS（Ocean Bottom Seismometer）考察。
左一为李家彪

2006年，在德国汉堡进行OBS（Ocean Bottom Seismometer）考察。
左三为李家彪，右一为阮爱国，右二为黎明碧，右三为金翔龙

2008年英国考察

2008年，在英国南安普顿大学考察，观察沉积物岩心。右二为张海生，左二为唐宝珏，左一为金翔龙

2008年，在英国南安普顿大学考察潜器。右一为张海生，右二为李守军，右三为陈一宁，左一为唐宝珏，左二为金翔龙

2009年美国考察

2009年，在美国NASA（National Aeronautics and Space Administration）考察，背后为火箭

2009年，在美国盐湖城CAMPBELL公司考察

第二章 白手起家，七十载海洋征程路　043

2009 年印尼纳土纳岛考察

2009 年，在印度尼西亚纳土纳岛考察

2009 年，在印度尼西亚纳土纳岛开展野外观测台站考察交流

2011年法国考察

2011年，在法国朗斯河口潮汐发电站考察。左五为原中国海洋大学副校长闫菊，左四为上海海洋大学校长万荣，右五为金翔龙

2015年塞舌尔考察

2015年，在塞舌尔考察大陆架划界问题，与中国驻塞舌尔大使交谈

2015年，在塞舌尔考察大陆架划界问题。右三为侯保荣，右二为初凤友，右一为唐勇

2018年印度会议

2018年，在印度参加国际洋中脊工作组会议，与印度科研人员交流。左二为李家彪

2018年，在印度参加国际洋中脊工作组会议与印方代表合影。
右三为李家彪，右一为陶春辉，左一为金翔龙

深耕海洋 开拓创新

"国家需求",一直都是金翔龙努力奋斗的目标。从国家早期的"海洋普查"、"海底找油"到"大陆架勘查"、"大洋矿产"、"海底天然气水合物"、"南海问题"等各项任务,金翔龙始终以"国家需求"作为根本,高瞻远瞩、脚踏实地、组织力量,主持/组织/审查完成"八五"科技攻关项目、"703专项"、"602专项"、"863"项目、"973"项目、"908专项"等一批批国家级项目,取得了一系列重要科技成果。

"海上调查"获取第一手资料是进行海洋科研工作最重要的基础。金翔龙从组织我国第一支地震勘探队开展海上地震勘查开始,始终没有放弃对于海洋、野外现场的调查与研究。从冲绳海槽调查、中西德联合南海调查、863项目湖试、908海岸带勘查,以及年近80岁时仍赴南极、北极考察,实地采集地质样品,撰写地质考察报告;甚至年近90岁仍乘坐小船开展海湾项目的调查研究,身体力行地展示出第一代海洋人忘我无畏、坚持奋斗的科学家精神。

1983年，参与编写中国大百科全书海洋科学卷区域海洋学。
前排左一为金翔龙，左四为毛汉礼

20世纪80年代末，参加渤黄东海图集评审会。后排右二为金翔龙

1992年，参加大洋矿产协调会

1993年，组织举办国际深海采矿管理培训班，任班长。左一为金翔龙

1993年，国际深海采矿管理培训班在向阳红10船上。右三为坦桑尼亚总理，左二为金建才

1994年，在天津参加编制《海洋科学技术发展"九五"计划和二〇一〇年长期规划》座谈会。第三排右六为金翔龙，前排左二为关定华（曾任中国科学院声学研究所所长），左三为刘鸿亮（曾任中国环境科学院院长），左四为刘瑞玉，左六为严宏谟（曾任国家海洋局局长），左七为陈述彭，右四为丁德文，右三为文圣常，右二为苏纪兰

第二章 白手起家，七十载海洋征程路　051

1998年，海洋领域海底探测"863"专家组合影。后排左一为赵金海，右一为吴金龙；前排左一为金翔龙，左二为王光宇，右一为刘福田

1998年，863海洋领域820-01专题负责人合影。
从左至右：刘福田、赵金海、金翔龙、王光宇、吴金龙

1999年深海钻探船 JOIDES Resolution 停靠香港，听取航次报告。前排：左-郝怡纯，中-金翔龙，右-张弥曼；后排：左-孙枢，中-涂光炽

1999年，在香港 JOIDES Resolution 深海钻探船旁

2004年在三亚进行LINDAR试验，在机舱内进行试验讨论

2004年，在三亚进行LINDAR试验，在机舱外留影

2004年，在湛江中海油西部公司开展项目工作。
后排左三为方银霞；前排左三为黎明碧，右一为刘建华，右三为金翔龙

2004年，在湛江中海油西部公司，与朱伟林合影

2006年，703项目成果验收审查。左一为李廷栋，右一为刘光鼎

2010年，主持908专项报告大纲细化方案评审会

第二章 白手起家，七十载海洋征程路　　055

2010年，参加973计划"南海大陆边缘动力学及油气资源潜力"项目第四次学术讨论会。前排右五为刘光鼎，右三为杨树锋，左四为李家彪

2010年，主持海洋二所"公益性项目可行性论证会议"。中间右一为秦蕴珊

2013年，参加科技基础工作专项"中国海海洋地质系列图编研"项目启动会，被聘为项目顾问专家

科技基础性工作专项"中国海海洋地质系列图编研"项目顾问专家组合影
2013.9 杭

2013年中国海洋地质系列图编研项目顾问专家组合影

1983年，在科学一号上开展东海冲绳海槽地震调查，右三为金翔龙

1983年，金翔龙在科学一号调查船上的气枪旁

20世纪80年代，在科学一号船上，金翔龙（左一）介绍船舶装备控制系统

1986年，开展东南岩石圈地质大剖面调查，在安徽与浙江交界地带考察时留影

1986年，在中西德南海联合调查航次上进行工作交流，左二为金翔龙，任中方首席科学家；右一为德方首席科学家 Karl Hinz

1986年，参加中西德南海联合调查航次期间与德国队员合影

1986年，承担中西德南海联合调查航次的太阳号考察船

1999年，863项目组在浙江千岛湖开展超短基线装备试验，图为金翔龙在试验船上

1999年，863项目组在浙江千岛湖开展超短基线装备试验，图为金翔龙（右一）等在试验船上进行设备调试

2004年，在浙江沿海海岸带进行908专项踏勘工作。左一为夏小明

2004年，在浙江沿海海岸带进行908专项踏勘工作。右一为方银霞，右二为高曼娜，左二为夏小明

2009年，参加南极考察，在南极长城站雪地履带运输车上

2009年，在中国南极长城站与南极考察队友合影

2011年，参加山东长岛野外地质考察，与队员们交流地质构造

2012年，在北极黄河站进行地质考察

2012年，北极地质考察中对采集的岩石样品进行拍照

2012年，参加北极地质考察部分队员合影

2018年，在柴达木盆地考察，左二为金翔龙在研究地图

2020年，乘船赴山东沐官岛考察，右一为金翔龙

2022年，在烟台参加蓝湾项目出海考察

战略谋划海洋工程装备与技术

"技术推动革命",金翔龙自20世纪60年代争取第一台海底地震仪开始就意识到技术装备的"卡脖子"问题。自此,他想方设法改进仪器,研制设备;多次出国"取经"先进技术与装备,成功以系统工程思想设计与组构了"科学一号"调查船上三级计算机控制管理的地球物理采集系统,后在国家海洋局又建成现代化的海底探测与信息处理系统;他开启了海洋领域"863"项目的实施,加速推动了海洋高新技术的进步。可以说对"高新技术"的不断探索与追求,突破国外技术的"卡脖子"现状,实现国家科技自立自强,一直以来金翔龙都有这样一个"技术强国"梦。

近年来,他组织相关力量,开展了我国海洋工程科技中长期发展战略研究,为我国海洋工程科技的发展建言献策。设立了青岛、厦门两地的院士专家工作站,致力于推动海洋工程装备技术以及海洋信息技术的研发及产品的推广应用。同时,瞄准国家"双碳"需求,推动海上风电、海洋潮流能、海洋波浪能等海洋新能源装备与技术的发展。

第二章 白手起家，七十载海洋征程路 067

中国工程院活动

2002年，在青岛参加中国工程院农业学部常委会会议合影

2010年，在中国工程院参加学部活动留影

参加中国工程院投票

2004年，参加中国工程院农业学部活动，在解放军总后勤部考察合影

2004年，参加中国工程院农业学部广西院士行活动，在中越边境考察合影

2006年，参加中国工程院农业学部香港考察活动。前排左二为金翔龙

2006年，在香港中文大学参加中国工程院农业学部香港考察研讨会

海洋工程科技发展战略研究

2013年，主持中国海洋探测工程与装备发展战略论坛。前排右五为封锡盛，右七为宫先仪

2013年，主持我国海洋水下观测体系发展战略研究启动会

第二章 白手起家，七十载海洋征程路　071

2015 年，在青岛罗博飞海洋技术有限公司对海底爬行器等仪器装备进行技术指导

2020 年，厦门蓝海天院士专家工作站揭牌成立，开展海洋信息技术产品的研发及应用

海洋新能源工程技术研究

2010年，在威海考察海上风电场

2010年，在韩国京畿道安山市考察始华湖潮汐发电站

2010年，在日本创价大学进行可再生能源考察

第二章 白手起家，七十载海洋征程路 073

2012年，参加中国第一届海洋可再生能源发展论坛并做主旨演讲

2017年，在舟山主持"LHD林东模块化大型海洋潮流能发电关键技术和装备"成果验收会

2022年，参加世界最大单机LHD1.6兆瓦潮流能发电机组下海仪式并接受采访

国家需求 助力海洋经济发展

中国的海洋事业经过60余年的发展已经是一派欣欣向荣、繁盛发展的景象。此时年近80岁的金翔龙开始从更宏观的层面考虑中国海洋资源开发与海洋经济发展问题。2010年，他受聘担任评审组长，主持全国海洋功能区划修编评审工作，实地考察了全国11个省、自治区、直辖市的海洋基本状况，了解各地海域使用、海洋产业发展等情况，主持评审完成了全国11个省市及全国的海洋功能区划修编工作，对十年期间我国管辖海域的开发利用和环境保护作出全面部署和具体安排。

同时，积极助力浙江、江苏、山东、广东、福建等沿海省份的海洋经济发展，结合各地海洋属性特点，为海洋产业的发展出谋划策。

第二章 白手起家，七十载海洋征程路　　075

海洋功能区划修编

2011年，主持江苏省海洋功能区划修编评审会

2011年，主持广东省海洋功能区划修编评审会

2011年，考察江苏东台海域使用情况

2011年，在珠海中海油深水工程基地考察海域使用情况

2011年，主持福建省海洋功能区划修编评审会

2011年，主持山东省海洋功能区划修编评审会

2012年，与主管海洋功能区划修编工作的国家海洋局海域司副司长阿东合影

2011年，主持全国海洋功能区划修编评审会

2011年，全国海洋功能区划修编评审专家组合影。
前排中位为刘光鼎，右三为李廷栋，左三为秦蕴珊，左一为海域司司长于青松

第二章 白手起家，七十载海洋征程路　079

2004年，参加中国（温州）特色农业博览会并做主旨报告

2011年，在舟山考察舟山群岛新区建设

2008年，作为专家组成员实地考察杭州湾跨海大桥建成情况

第二章　白手起家，七十载海洋征程路　　081

2012年，在宁波海洋经济与技术发展研讨会上做主旨发言

2014年，在舟山"第九届中国海洋文化论坛"上，做"海上丝绸之路与浙江海洋强省建设"的主旨演讲

2022年，在浙江玉环中鹿岛海洋牧场考察

山东省

2005年，在山东潍坊市参加"海峡两岸人才与科技成果交流会"，被聘为潍坊市政府经济工作顾问专家

2005年，参加潍坊市"海峡两岸人才与科技成果交流会"的专家合影。左六为冯士筰，右五为滕吉文

第二章　白手起家，七十载海洋征程路　　083

2016年，为山东半岛蓝色经济区海洋探测装备产业联盟揭牌

2020年，在黄河三角洲考察滨海湿地生态环境

2023年，在山东莱州明波国家级海洋牧场示范区考察

江苏省

2016年，被江苏省海涂研究中心聘为学委会委员。右一为王颖

2020年，在江苏亨通集团考察海底光纤，左为亨通集团总裁李自为，右为青岛罗博飞海洋技术有限公司董事长马秀芬

2022年，参加江苏省海洋资源开发技术创新中心揭牌仪式并做主旨报告

2022年，考察江苏省常熟水产养殖基地

广东省

2011年，在广东省海洋与渔业环境监测中心考察

2017年，参加广东南沙新区信息产业链讨论会

2017年，广东省南沙新区信息产业链讨论会合影

第二章 白手起家,七十载海洋征程路　087

福建省

2014年,在福建平潭参加沿海经济发展与海洋生态保护研讨会期间考察平潭岛

2014年,在福州市海洋与渔业局考察

2021年,在厦门参加第一届海洋新兴产业发展论坛

百家争鸣
学术交流与考察

　　交流碰撞思想火花，研讨汇聚智慧力量。多年来，金翔龙组织或主持多场国内外学术研讨会，开展学科专业、跨学科专业的广泛交流研讨；积极开展相关单位的调研与考察，大力推进科技交流与合作；不断拓展海洋科学研究视野、开拓海洋学科研究新领域。

　　同时，金翔龙关心国家未来一代的成长，为上海交通大学等相关海洋高校、院所的研究生开讲海底科学课程，培养海洋学科专业人才；积极开展面向中小学生的海洋宣传教育活动，普及海洋文化知识，提升海洋意识，鼓励广大青少年"关心海洋、认识海洋"，未来具备本领进而"经略海洋"。

第二章　白手起家，七十载海洋征程路　089

学术研讨与交流

1986 年，在杭州主持中西德联合召开的"南海海洋地质与地球物理学术讨论会"

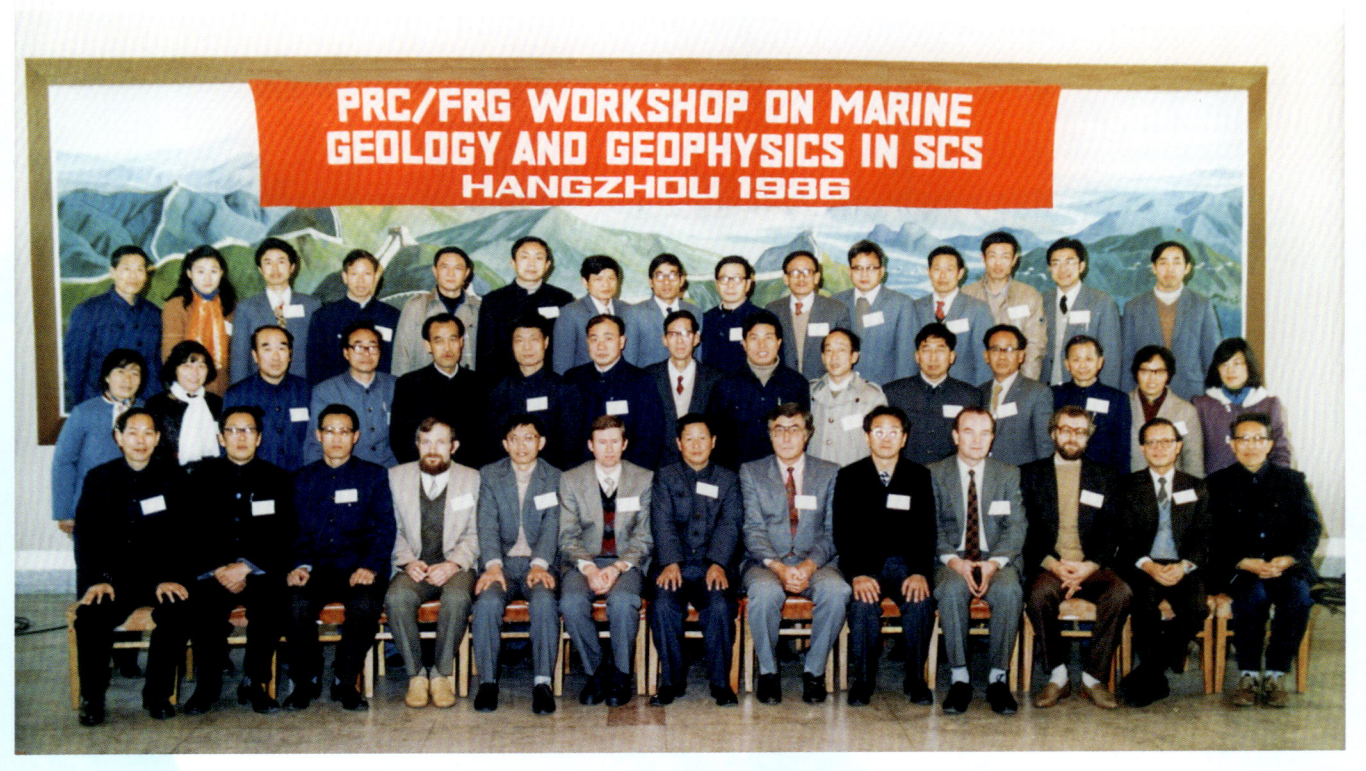

1986 年，中西德"南海海洋地质与地球物理学术研讨会"专家合影。前排左五金庆明（原海洋二所副所长），左四为德国好友 Kudrass；右一为彭阜南教授，右五为金翔龙，右六为 Karl Kizn

1987年，参加在福建举办的台湾海峡及其两岸地质与地震研讨会。第二排右十一为金翔龙

20世纪80年代,日本专家(右四)来海洋二所交流访问。前排左三为金翔龙,左一为吕文正

1986年,日本地质学家上田成野(右二)来杭州海洋二所交流访问。左一为吕文正,左二为金翔龙

1996年，参加第三十届国际地质大会

1999年，主持海底演化与资源环境国际研讨会，右一为韩国Park教授

1999年，在甘肃兰州主持天然气水合物学术研讨会，与会专家合影。
前排左七为戴金星，右六为王先彬所长（中国科学院兰州地质研究所），右七为金翔龙

1999年，在甘肃兰州主持天然气水合物学术研讨会并做主旨报告

2001年，参加中国海洋学会2001年学术年会，做主旨发言

2003年，参加国家海洋局海底科学重点实验室学术委员会会议。
前排左六为金翔龙，左七为刘光鼎，左一为李家彪；右五为欧阳自远，右六为秦蕴珊

第二章 白手起家，七十载海洋征程路　095

2006年，在广州参加第一届南海海区海洋论坛，与刘光鼎院士交流

2008年，在海口参加海岛（礁）测绘技术国家测绘地理信息局重点实验室第一次学术委员会会议，受聘为副主任委员

2009 年，在海洋三所参加海洋科学发展历史主题座谈会，担任主讲

2010 年，参加中国海洋学会第四届青年科学家论坛并致辞

第二章　白手起家，七十载海洋征程路　097

2010年，参加中国海洋学会第四届青年科学家论坛期间，与洪华生教授（右一）、陈立奇研究员（左一）交谈

2012年，参加国家海洋局海底科学重点实验室学术委员会会议与学委会委员合影。前排左二为金翔龙，左三为刘光鼎，右三为秦蕴珊

第四届海底科学论坛－海底科学战略研讨会合影
2013.11于杭州

2013年，在杭州参加"第四届海底科学论坛—海底科学战略研讨会"

2015年，在大连主持国家海洋局海域管理技术重点实验室学术年会

2017年，在北京参加中国科学院油气资源研究重点实验室学术年会。前排左一为金翔龙，左二为刘光鼎，右二为欧阳自远

2018年，在浙江乌镇参加第六届大陆架和国际海底区域制度科学与法律问题国际研讨会

2018年，在海口参加中国工程科技论坛：海洋环境与权益国际焦点 - 大陆架划界科技在"一带一路"中的新机遇

2019年，参加博鳌亚洲论坛海洋分论坛，担任主讲嘉宾

第二章 白手起家，七十载海洋征程路 101

2019年，参加博鳌亚洲论坛期间与国家海洋局局长王宏交谈

2021年，参加自然资源部海洋空间资源管理技术重点实验室（筹）第一次学术委员会会议，受聘为学术委员会主任

2021年，在中国地质大学（武汉）参加海洋地质资源湖北省重点实验室2021年学术年会

2021年，在中国地质大学（武汉）参加海洋地质资源湖北省重点实验室2021年学术年会，校党委书记黄晓玫为金翔龙院士颁发学术委员会荣誉主任证书

2021年，参加中国地质大学（北京）海洋与极地研究中心成立大会，与会专家合影

2021年，中国地质大学（北京）校长孙友宏与金翔龙院士为海洋与极地研究中心揭牌

2021年，中国地质大学（北京）党委书记雷涯邻与金翔龙院士为极地地质与海洋矿产教育部重点实验室揭牌

调研与考察

1999年，在中国科学院兰州地质研究所考察

1996年，参观劳雷公司仪器设备展台

2002年，在山东理工大学考察，被聘为资源环境工程学院名誉院长

2003年，在单道地震南海试验航次考察

2003年，在东华理工大学考察

2010年，在台湾岛东海岸进行地质考察

2010年，在海口考察海南地质调查局海洋科考船

2010年，"908"项目专家组在云南调研考察

第二章 白手起家，七十载海洋征程路 109

2011年，在西沙考察

2011年，乘坐海监飞机赴西沙考察，右一为南海局局长李立新

2013年，在上海海洋大学考察合影

2014 年，在海洋三所参观鲸豚展馆

2022 年，在厦门大学"海西工业技术研究院通信工程技术中心"考察

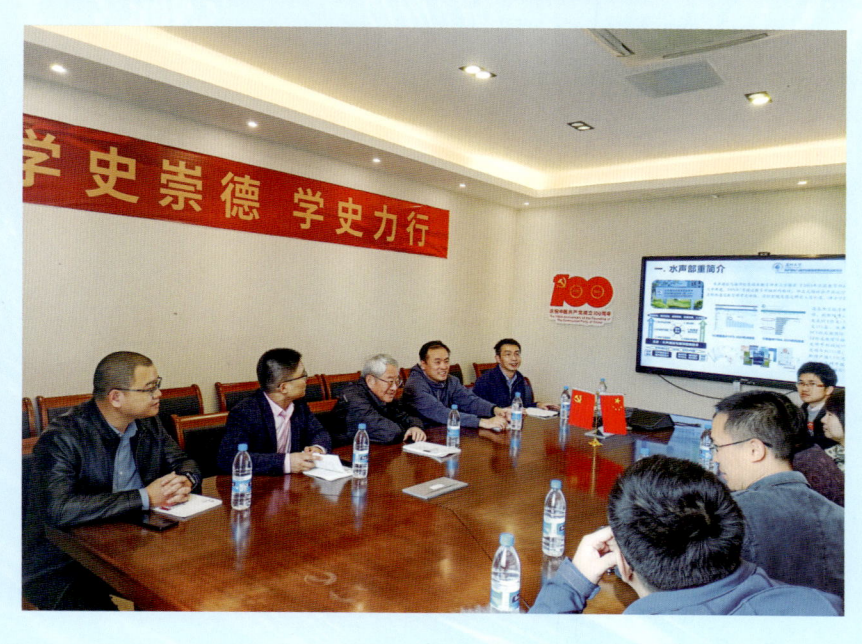

2022 年，在厦门大学"水声通信与海洋信息技术教育部重点实验室"考察交流

第二章 白手起家，七十载海洋征程路 111

2022 年，在国家深海基地管理中心考察潜器装备

2022 年，在深圳大亚湾智慧海洋智能平台开展专题调研考察

2022年，在长沙矿山研究院考察采矿装备

2023年，在中科云声（苏州）电子科技有限公司考察声学探测设备

2023年，在杭州科大讯飞科技有限公司考察工业智能装备技术

第二章 白手起家，七十载海洋征程路 113

讲座与科普

1999年，在象山海边考察时，为当地学生签名

2002年，在山东理工大学为学生们做报告

2002年，参加南京一中95周年校庆活动，并为中学生做海洋科普报告

2007 年，参加南京一中百年校庆，为中学生做海洋科普报告

2012 年，受邀参加香港地质学会三十周年庆活动，做主旨报告

第二章 白手起家，七十载海洋征程路 115

2012年，受邀为澳门科技大学做报告，澳门科技大学校长许敖敖为金翔龙颁发荣誉证书

2014年，受邀担任海洋三所"蓝色文明大讲堂"开讲嘉宾，海洋三所所长余兴光为金翔龙院士颁发聘书

2017 年，金翔龙院士为福建长汀朱溪小学师生做海洋科普讲座

2019 年，受邀为上海交通大学海洋学院师生做学术讲座

2020年，为厦门蓝海天信息技术有限公司员工主讲"海底科学研究进展"

2020年，为自然资源部海底科学重点实验室全体党员干部上党课

2021年，在南京市仙林小学开展海洋科普活动

2021 年，在厦门鲸探海洋科普馆为中小学生开展海洋科普教育

2021 年，为上海交通大学海洋学院研究生主讲海底科学研究进展课程

2023 年，在福建宁化开展"海洋梦"科普教育活动

第二章 白手起家，七十载海洋征程路 119

2023年，参加中国国际海洋水下机器人大赛，为获奖队伍颁奖，右四为原国家海洋局局长王曙光

2023年，在新疆华山二中观看孩子们乐器表演

2023年，在新疆华山二中为学生们做海洋科普讲座

奠基海底科学 组建海底科学重点实验室

1985年到海洋二所后，金翔龙花大力气、下实功夫着手整顿队伍，推动学科建设与人才培养。他将海洋地质、海洋地球物理和海洋地球化学等集成为一体，建立了海底科学；同时，积极筹建国家海洋局海底科学重点（开放性）实验室。1997年，国家海洋局海底科学重点实验室被国家海洋局正式批准成立。

目前，海底科学的发展欣欣向荣，海底科学重点实验室已成为我国综合性的海底科学合作研究与交流的重要窗口和载体，一代代年轻的海底科学后备军也脱颖而出、前赴后继。为此他感到欣慰，用金翔龙自己的话说："我年近九十，已是夕阳西下的时候，没有太多的时间和精力，只想尽量多做点工作，为年轻人铺铺路，而海洋广阔而精彩的舞台真正属于你们。"

20世纪80年代末,海洋二所地球物理室成员合影。后排右三为金翔龙,右五为李全兴(曾任地球物理室主任);前排左一为林长松,左二为高金耀,右三为吕文正

1990年，海洋二所硕士研究生毕业师生合影。前排右三为金翔龙

20 世纪 90 年代，金翔龙在国家海洋局门口留影

1997 年，国家海洋局海底科学重点实验室揭牌仪式，右一为金翔龙

1999 年，金翔龙在海底科学重点实验室牌子下留影

2018年，国家海洋局海底科学重点实验室大陆架划界关键技术创新团队入选"科技部重点领域创新团队"。左一为阮爱国，左二为丁巍伟，左三为方银霞，左四为李家彪，左五为唐勇

2021年，自然资源部海底科学重点实验室海底科学与资源权益创新团队入选"全国专业技术人才先进集体"。左一为丁巍伟，左二为黎明碧，左三为李家彪；右一为陶春辉，右二为吴自银，右三为方银霞

荣誉获奖

1996年，在人民大会堂获颁"八五科技攻关突出贡献奖"留影。
前排左二为文圣常，左三为刘东生，右二为金翔龙

2006年，获第六届光华工程科技奖

2006年，获颁第六届光华工程科技奖。右四为金翔龙

2014年，当选2013年度全国十大海洋人物，原国家海洋局局长刘赐贵（右一）为金翔龙院士颁奖

2016年，获国家海洋局颁发"终生奉献海洋"纪念奖章。前排右二为金翔龙

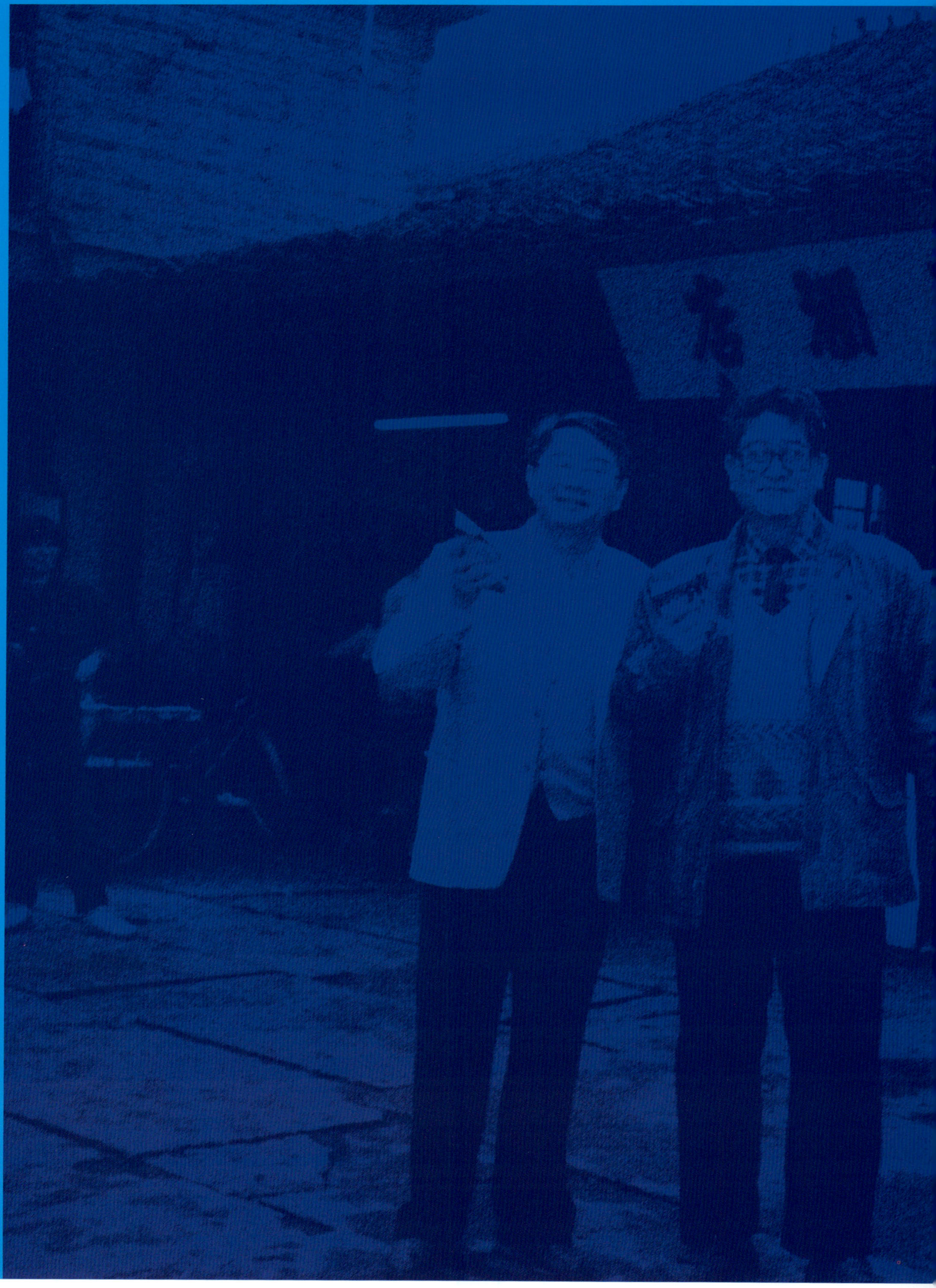

第三章 海纳百川 亦师亦友

同窗情

　　1947~1952年，金翔龙在南京市第一中学就读，完成了初中、高中学业。这所学校具有良好的教育理念和出色的教育环境，尤其对于传统文化格外珍视，为金翔龙的自然科学和文化课程的发展打下了坚实的基础。同时，由于正处解放战争的核心南京，初中阶段的金翔龙在学校进步人士的带领下完成了革命思想启蒙，多次参与到"地下组织"的活动中，积累了一定的革命斗争经验。毕业六十多年后，他的名字出现在这所学校官网"著名校友"栏目下，而且还名列首位。

　　自1956年北京地质学院毕业后，金翔龙始终关心母校的发展。在1992年、2002年、2012年等校庆四十周年、五十周年和六十周年期间，组织同班同学聚会，再叙同窗友谊，共商学校地学发展。2018年，担任地大校友会浙江分会名誉会长，多次助力地大校友会活动，为母校的发展再尽一份力量。

第三章 海纳百川 亦师亦友

南京一中中学活动

2002年，参加南京一中九十五周年校庆，与中学同学合影。中为李泽椿

2002年，参加南京一中九十五周年校庆，与中学师长的合影。左一为启蒙益友濮济恒，中为军管主任、校长朱刚

2002年，参加南京一中九十五周年校庆，与中学同学及师长的合影。后排左一为金翔龙

2002年，南京一中同班同学合影。后排右四为金翔龙

第三章　海纳百川　亦师亦友

2006年，南京一中杭州校友合影，后排右四为金翔龙

2007年，参加南京一中百年校庆，与中学语文老师方明禄合影

2007年，参加南京一中百年校庆，获颁优秀校友荣誉证书。左二为金翔龙

与中学同班同学程极中（原杭州水泵所所长）合影

第三章 海纳百川 亦师亦友　135

地大同学活动

1992年，参加中国地质大学（北京）四十周年校庆活动，与同班同学合影，左一为金翔龙

1992年，大学同学入学四十年聚首，在中国地质大学（北京）校门口前合影，前排右六为金翔龙

1996年，北京地质学院56届普查系三班毕业四十周年聚会，与同班同学及师长的合影，
前排右四为杨遵仪院士，右五为王鸿祯院士，第二排左七为金翔龙

2002年，参加中国地质大学五十周年校庆活动，与同班同学合影。
左一为唐克东，右一为李作明

2012年，大学同学入学六十年再聚首，于福州涌泉寺前合影

2013年，与大学同学相聚哈尔滨。右一为吴正文，右二为徐衍强，左三为马丽芳

地大校友会活动

2002年，参加中国地质大学五十周年校庆活动。前排左一为汪集暘，右一为卢耀如，后排右一为徐衍强

2018年，参加中国地质大学浙江校友分会会员代表大会，担任名誉会长。前排右八为金翔龙

第三章 海纳百川 亦师亦友　139

2023年，参加中国地质大学浙江校友分会活动暨首届青山湖论坛

2023年，参加中国地质大学浙江校友分会活动合影

国际好友

金翔龙在多年的出国考察交流与合作中，与德国、日本、韩国、美国等国家众多国际好友建立了一生的友谊。尤其是德国好友Suess教授，后来金翔龙将学生韩喜球送到Suess教授处学习交流，至今仍然保持着良好的联系与合作。

20世纪80年代,在联邦德国汉诺威地质科学矿产资源研究院与好友Kudrass合影

1999年,与日本石井辉秋教授(右一),韩国Park委员(左二),吕文正(左一)研究员等在西湖边合影

2001年，与日本好友石井辉秋教授在东京大学合影

2001年，与德国好友 Suess 教授在杭州合影

第三章　海纳百川　亦师亦友　143

2002 年，与联合国官员 Haq 教授

2010 年，与大陆架界限委员会韩国 Park 委员合影

国内好友

近七十年的地质工作中，热情豪爽的金翔龙结交了众多志同道合的朋友。其中大多都已是各领域的翘楚，如刘光鼎院士、欧阳自远院士、秦蕴珊院士、李泽椿院士等。尤其是挚交刘光鼎院士，两人自20世纪50年代开始就并肩作战于海洋，且都钟情于"以酒会友"和"侠客传奇"，两位先生经常煮酒烹茶、指点江山，共谋海洋发展，成为海洋圈"合辙押韵"的佳话。2008年，金翔龙填词《念奴娇——贺光鼎先生寿》一首，以贺刘光鼎院士八十寿辰，可见两人情谊。

第三章 海纳百川 亦师亦友 145

20世纪90年代，与刘光鼎院士在绍兴

20世纪90年代，与欧阳自远院士在绍兴兰亭合影

2006年，与秦蕴珊院士等合影。右二为秦蕴珊，右一为陈汉林，左一为刘保华

2010年，与中学好友李泽椿院士在青岛海边留念

20世纪90年代，与李廷栋院士（中）、袁业立院士（右一）在安徽采石矶合影

20世纪90年代，与刘光鼎院士（左二）、马宗晋院士（左一）、许厚泽院士（右一）合影

第三章　海纳百川　亦师亦友　147

1999 年与侯保荣院士在绍兴沈园合影

2013 年，与中国科学院海洋研究所老同事于青岛相聚。右一为姜培宗，右二为庄杰枣，右三为唐宝珏；左一为阎伯增，左二为郑开云，左三为曲秀华

2016 年，在北京参加全国海洋科技创新大会。左一为孙枢，左二为刘光鼎，右二为王颖

师生情

"学科的发展依靠人才队伍的拉动。"自20世纪80年代开始，金翔龙就开始指导培养研究生，几十年来已培养硕士、博士研究生以及博士后50余名，不断为海洋事业注入强有力的新生力量。"桃李不言，下自成蹊"，受他言传身教的学生目前已遍布祖国海洋系统的各个领域，在国家海洋事业中正发挥着中流砥柱的作用。

2002年，参加学生方银霞博士学位论文答辩

2005年，参加学生陶春辉、赵俐红博士学位论文答辩

2007年，在中国地质大学（武汉）参加学生矫东风博士学位论文答辩

2012年，参加学生王叶剑博士学位论文答辩

2023年，参加学生孟兴伟博士学位论文答辩

第三章 海纳百川 亦师亦友

2003年,在庆祝金翔龙院士从事地质工作50年学术研讨会上,与学生们在一起

2013年，与中国地质大学学生们在一起

2013年，与浙江大学学生们在一起

2013年，与中国海洋大学学生们在一起

2013年，与学生们在一起

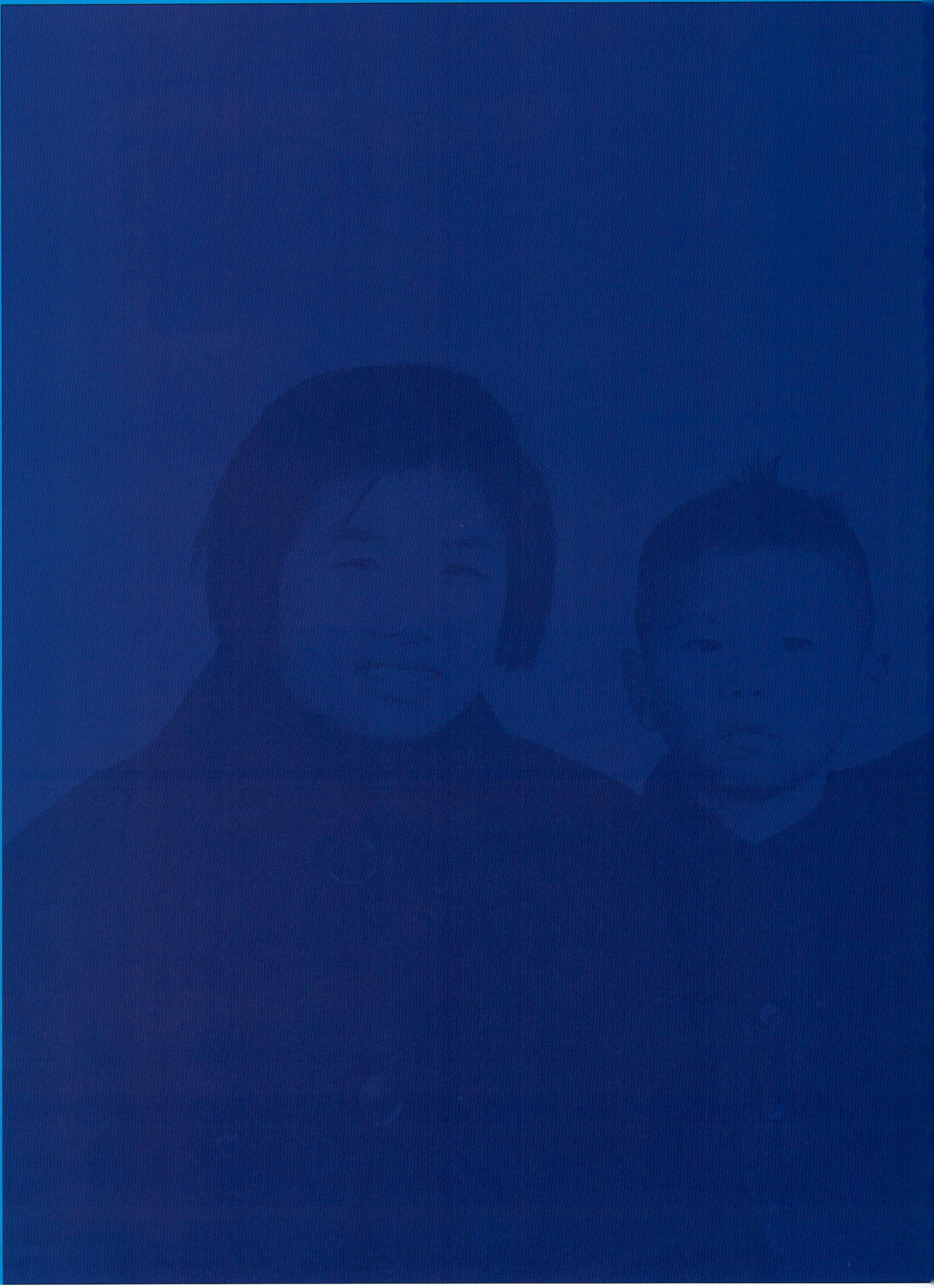

第四章
天伦之乐 幸福之家

伉俪情深

　　金翔龙、高曼娜两人相识于1956年北京外国语学院准备赴苏联留学期间。尽管由于某些原因，金翔龙最终未能如愿留学苏联，两人因此分处异国他乡，但专业志趣相投的两人几年间通过鸿雁传书更加坚定了彼此的信任与感情。学成归来的高曼娜进入中国海洋大学任教，与在中国科学院海洋研究所任职的金翔龙顺利走到一起，并很快生育一子（金肖兵）一女（金左文）。"文革"期间，金翔龙、高曼娜两人均被"关押"，年幼的两子女几近流落街头、乞讨度日，给这个幸福的小家庭造成了沉重的打击。好在年轻的金翔龙夫妇凭着坚强的意志和信念挺了过来，此后，两人并肩作战、相互扶持重启幸福生活。晚年80余岁的高曼娜患上了阿尔茨海默病，细心的金翔龙就手拉手带她出行、各处游玩；后来的高曼娜陷入生活不能自理的境况，金翔龙便减少外出，亲自喂水喂饭，照顾左右，两人深情可见一斑。

青年金翔龙　　　　　　　　　　青年高曼娜

20世纪50年代,苏联留学期间在莫斯科大学校园内的高曼娜

20世纪50年代,在苏联留学期间的高曼娜

青年金翔龙夫妇

20 世纪 60 年代，金翔龙夫妇与儿子金肖兵、女儿金左文的家庭合影

20 世纪 60 年代，青年金翔龙夫妇、幼年金肖兵与母亲（右一）、岳母（左一）的家庭合影

20世纪90年代，金翔龙夫妇在南京梅园周恩来塑像前合影

金翔龙夫妇在青岛海边

2002年,金翔龙夫妇在武夷山

第四章　天伦之乐　幸福之家　　161

2011年，金翔龙夫妇在加拿大

2018年，在杭州金翔龙夫妇手挽手过马路

儿女长成

幼年金肖兵（右）与金左文（左）

少年金肖兵与金左文

金翔龙夫妇与女儿金左文

第四章　天伦之乐　幸福之家　163

金翔龙与儿子金肖兵

2012 年，与儿子金肖兵在意大利

2014 年，与女儿金左文在福建平潭

天伦之乐

教小外孙剥豆

与小外孙在一起

第四章 天伦之乐 幸福之家　165

2013 年，与小孙女一起看动物表演

2013 年，带小孙女一起敲鼓

2023 年，与外孙一起谈心

第五章 信步闲庭 强海国土

"生于忧患,死于安乐"。金翔龙的童年是在内忧外患、战乱纷争的年代度过的,中年又遭受"文革"中身体和精神的双重"洗礼",老年也时常承受着身体多种病痛的折磨。在这些动乱、悲愤、困苦的底色上,金翔龙却以一种坚毅、乐观和永不言败的精神为自己的人生描绘出一抹璀璨亮色,给予我们生命不息、奋斗不止的精神鼓舞。

七十余载地质征程,金翔龙的足迹踏遍了祖国的山山水水,也走过世界的大洲大洋和南北极。他胸怀祖国,放眼全球,筹谋发展;海纳百川、与人为善;桃李满园,人才辈出。"强海有我,国士无双",他是新中国海洋事业发展的建设者与见证者,更是"海洋强国"战略的践行者。

"莫道桑榆晚,为霞尚满天"。已是耄耋之年金翔龙仍不辞奔波、不辞劳作,怀揣赤子之心为祖国的海洋事业尽自己微弱的力量。

2001 年拍摄

2008 年拍摄

2021 年拍摄

1999 年在办公室

2017 年在办公室

2019 年在东海之滨

第五章　信步闲庭　强海国士　　171

个人风采

20世纪80年代末，在绍兴

20世纪80年代，在杭州西湖国宾馆

20 世纪 80 年代，在长江三峡

20 世纪 90 年代，在美国纽约

第五章　信步闲庭　强海国士

1992 年在法国巴黎

1993 年，在牙买加

2003年，在新疆

2007年，在奥地利维也纳

第五章　信步闲庭　强海国士　　175

2009年，在南极长城站

2009年，在秘鲁印加帝国遗址

2010年，在日本

2011年，在西沙

第五章 信步闲庭 强海国士　177

2011年，在澳大利亚

2011年，在瑞典芬兰邮轮上

2012 年，在北极

2014 年，在巴拿马

第五章 信步闲庭 强海国士 179

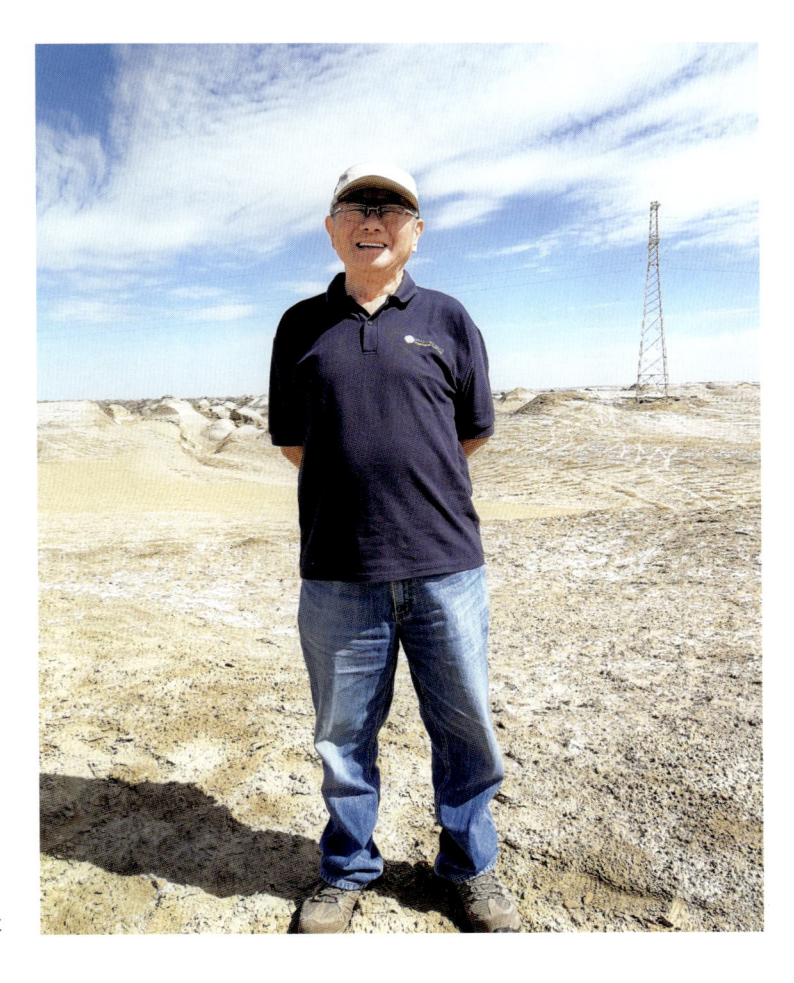

2018年，在青海柴达木

2023年，在新疆

2017 年，金翔龙院士传记《强海国士》在广州举行首发仪式，左一为原国家海洋局局长王曙光，右一为原国家海洋局副局长王飞

2017 年，金翔龙院士传记《强海国士》在广州首发并举行签售活动

2017年，金翔龙院士传记《强海国士》在广州首发并举行赠书活动

2018年，金翔龙院士传记《强海国士》在青岛举行再版发布会

附：两首赠诗

念奴娇·贺光鼎先生寿

侠游诸海，搏浪流，

叠垒海洋城楼。

踏神州地，凝练出，

横竖三角格局。

海疆秀丽，春晓喷翠，

波涛拍东岸。

崛起和平，从容面对梦语。

追忆石樵盛年，吐太极推手，

谋划宏图。

运筹帷幄，弹指间，

海底资源洞察。

大功告成，

抚须笑华发，再创新业。

酣畅豪饮，勋业增辉寿年。

戊子正月（二〇〇八年二月）

于西子湖畔

菩萨蛮·贺第一海洋地质调查大队五十大庆

踏浪五十征战忙,

渤黄东海及外洋。

液金宝藏贵,

万顷碧波会。

构造处处真,

油气海底喷。

浩瀚海域富,

国力基础固。

二〇一〇年五月十八日

金翔龙院士大事年表

1934年11月29日	出生于江苏省南京市；
1940～1945年	就读重庆市龙门浩镇中心小学；
1946～1947年	就读南京市程善坊小学；
1947～1952年	就读南京市第一中学，完成初中、高中学业；
1952～1956年	就读于北京地质学院；
1956～1957年	北京外国语学院出国预备部；
1957～1985年	中国科学院海洋研究所工作；
1957～1959年	在科学院参与创建我国最早的海洋地质研究实体；
1958～1960年	在全国海洋普查中参与组织海洋地质调查、组建青岛与广州等基地的地质实验室、编写海洋地质调查与分析规范、培训干部；
1958～1959年	推动我国海洋石油起步，筹建第一支海洋地震队，完成我国第一条海洋地震剖面（山东龙口－河北秦皇岛）；
1960～1962年	完成黄海南部地震勘测，划分南黄海主要构造。协助地质部、石油部下海工作；
1969～1972年	参与研制海底静力触探仪和浅层剖面仪，形成仪器产品，并通过海上试验；
1978～1981年	在中国科学院海洋所组建现代化的地球物理技术系统。筹划"科学一号"调查船的建造，以系统工程思想设计与主持组构"科学一号"调查船上三级计算机控制管理的地球物理采集系统；
1985年5月	由中国科学院海洋研究所调到国家海洋局第二海洋研究所工作；
1985～1997年	进入海洋二所后，将海洋地质、海洋地球物理和海洋地球化学等集成为一体，建立海底科学；在国家海洋局建成现代化的海底探测与信息处理系统，并依此基础筹建国家海洋局海底科学重点（开放性）实验室；
1997年	国家海洋局正式批准成立国家海洋局海底科学重点实验室；
1983年和1987年	两度被推为国际海洋物理科学协会（IAPSO）海洋地球物理委员会（CMG）的委员；
1987年开始	与德、法等国合作研究南海海底，执行"南海海洋地球科学联合研究"和"东海与南海海洋沉积作用与地球化学联合研究"等研究计划，任中方首席科学家，在南海发现海底多金属结核与结壳矿，项目获国家海洋局科技进步奖；
1988～1990年	受委托主编中华人民共和国国家标准——《海洋调查规范（海洋地质地球物理调查）》，统一我国海底勘查的技术标准与方法；
1990年12月	出席国际海底管理局和海洋法法庭筹委会会议，代表我国就东太平洋矿区进行技术解释，我国获得东太平洋15万平方公里的矿区；
1991年	赴印尼万隆出席南海潜在冲突国际讨论会，即"处理南中国海潜在冲突"非正式讨论会，也称南海问题讨论会；

1991~1995年	技术主持与负责"八五"国家重点科技攻关项目"大陆架及邻近海域勘查和资源远景评价研究",项目获国家海洋局科技进步奖一等奖,个人获国家授予的国家"八五"科技攻关先进个人称号及奖章等,并受到江泽民等中央领导同志的亲自接见;技术主持国家海洋局重大专项"大洋多金属结核资源勘探开发",使我国进入国际先进行列;
1991年	被国际海底管理局与海洋法庭筹委会聘为培训专家委员会(Training Panel)委员,推动各国大洋矿产人才培训,监督培训进程和为联合国挑选合格的培训人员;
1993年	联合坦桑尼亚前总理、联合国海底筹委会前主席瓦涅欧巴博士共同组织完成国际深海采矿管理培训班;
1995年	受邀出席联合国政府间海洋学委员专家咨询会,成为该委员会在联合国海洋公约顾问委员会(ABLOS)的代表;
1996年	推动成立了"863"项目第八领域(海洋领域),承担国家863海洋高技术研究项目"海域地形地貌与地质构造探测技术研究",任项目责任专家组负责人;
1997年	当选为中国工程院院士;
2000年和2007年	分别担任国家重点基础研究发展计划(973计划)"中国边缘海的形成演化及重大资源的关键问题"和"南海大陆边缘动力学及油气资源潜力"两项973项目的指导委员会专家;
2001年2~3月	联合戴金星在北京香山主持了"天然气水合物研究现状及我国的对策"的香山科学会议第160次学术讨论会;
2000~2005年	主持并完成了国家专项"西北太平洋资源与环境调查",任首席科学家;
2004~2011年	担任国家"908"专项指导专家组组长,指导并组织完成了国家"908"专项的各项工作;
2009年	奔赴南极,参加我国第26次南极科考,开展了为期一周的冰川考察;
2010~2011年	作为咨询专家组成员,参加了中国工程院重大咨询项目"浙江省沿海及海岛综合开发战略研究"工作,为将浙江省舟山群岛新区开发与浙江省海洋经济示范省建设纳入国家"十二五"规划奠定了基础;
2011~2012年	担任评审组组长,主持了"全国海洋功能区划修编"评审工作,完成全国11个省、自治区、直辖市以及全国的海洋功能区划修编工作;
2011年	担任国家专项"全球变化与海气相互作用"的指导委员会专家,参与指导项目的各项工作;
2012年	参加北极黄河站考察,进行了三天的实地考察,对黄河站附近的地质组成与构造、冰川的结构与形貌等进行了观察与研究;
2011~2015年	主持并完成了中国工程院战略咨询课题"中国海洋工程科技中长期发展战略研究""海洋探测装备与工程科技发展战略研究""我国海洋水下探测技术发展战略研究"等;
2014年	当选2013年度全国十大海洋人物;
2017年	参加全国海洋科技创新大会,并获国家海洋局颁发终身奉献海洋纪念奖章;
2018年10月	退休。

致谢

在本书完稿之际，由衷感谢在编写过程中所有付出劳动和给予帮助的人，自然资源部第二海洋研究所高金耀、陶春辉、初凤友、夏小明、周建平、王叶剑、张利亚、孟兴伟等同志，中国地质大学（武汉）解习农，中国地质大学（北京）郑凤霞，浙江省海洋科学院谢芳，国家海洋环境监测中心王权明，青岛罗博飞海洋技术有限公司马秀芬、郑仰东，厦门蓝海天信息技术有限公司罗淑雅，华侨大学龙邹霞。李俊、姜芳、高璐露等同志为本书提供了宝贵材料，刘玉彬同志为本书文稿以及书名提出了宝贵建议，在此一并表示感谢。

本书编委会
2023年11月20日